this book belongs to:

....

....

....

Master bucket list

1. ☐ _____
2. ☐ _____
3. ☐ _____
4. ☐ _____
5. ☐ _____
6. ☐ _____
7. ☐ _____
8. ☐ _____
9. ☐ _____
10. ☐ _____
11. ☐ _____
12. ☐ _____
13. ☐ _____
14. ☐ _____
15. ☐ _____
16. ☐ _____
17. ☐ _____
18. ☐ _____
19. ☐ _____
20. ☐ _____
21. ☐ _____
22. ☐ _____
23. ☐ _____
24. ☐ _____
25. ☐ _____

Master bucket list

26 ☐ _____
27 ☐ _____
28 ☐ _____
29 ☐ _____
30 ☐ _____
31 ☐ _____
32 ☐ _____
33 ☐ _____
34 ☐ _____
35 ☐ _____
36 ☐ _____
37 ☐ _____
38 ☐ _____
39 ☐ _____
40 ☐ _____
41 ☐ _____
42 ☐ _____
43 ☐ _____
44 ☐ _____
45 ☐ _____
46 ☐ _____
47 ☐ _____
48 ☐ _____
49 ☐ _____
50 ☐ _____

Master bucket list

51 ☐	_____
52 ☐	_____
53 ☐	_____
54 ☐	_____
55 ☐	_____
56 ☐	_____
57 ☐	_____
58 ☐	_____
59 ☐	_____
60 ☐	_____
61 ☐	_____
62 ☐	_____
63 ☐	_____
64 ☐	_____
65 ☐	_____
66 ☐	_____
67 ☐	_____
68 ☐	_____
69 ☐	_____
70 ☐	_____
71 ☐	_____
72 ☐	_____
73 ☐	_____
74 ☐	_____
75 ☐	_____

Master bucket list

76 ☐ _____
77 ☐ _____
78 ☐ _____
79 ☐ _____
80 ☐ _____
81 ☐ _____
82 ☐ _____
83 ☐ _____
84 ☐ _____
85 ☐ _____
86 ☐ _____
87 ☐ _____
88 ☐ _____
89 ☐ _____
90 ☐ _____
91 ☐ _____
92 ☐ _____
93 ☐ _____
94 ☐ _____
95 ☐ _____
96 ☐ _____
97 ☐ _____
98 ☐ _____
99 ☐ _____
100 ☐ _____

_____

_____

_____

I want to do this because _____

_____

To make this happen I need _____

_____

——————— LET'S DO THIS ———————

Date completed _____ Location _____
Solo / With _____

_____

_____

The story _____

_____

_____

_____

The best part _____

_____

_____

_____

What I learned _____

_____

_____

_____
_____
_____

I want to do this because _____
_____

To make this happen I need _____
_____

LET'S DO THIS

Date completed _____ Location _____
Solo / With _____
_____
_____

The story _____
_____
_____
_____
_____

The best part _____
_____
_____
_____

What I learned _____
_____
_____

03

_____
_____
_____

I want to do this because _____
_____

To make this happen I need _____
_____

LET'S DO THIS

Date completed _____ Location _____
Solo / With _____
_____
_____

The story _____
_____
_____
_____

The best part _____
_____
_____
_____

What I learned _____
_____
_____

_____

_____

I want to do this because _____

_____

To make this happen I need _____

_____

LET'S DO THIS

Date completed _____ Location _____

Solo / With _____

_____

The story _____

_____

_____

_____

The best part _____

_____

_____

_____

What I learned _____

_____

_____

_____

I want to do this because _____
_____

To make this happen I need _____
_____

LET'S DO THIS

Date completed _____ Location _____
Solo / With _____
_____

The story _____
_____
_____
_____
_____

The best part _____
_____
_____
_____
_____

What I learned _____
_____
_____

_____
_____
_____

I want to do this because _____
_____

To make this happen I need _____
_____

LET'S DO THIS

Date completed _____ Location _____
Solo / With _____
_____
_____

The story _____
_____
_____
_____
_____
_____

The best part _____
_____
_____
_____
_____

What I learned _____
_____
_____

_____
_____
_____
_____

I want to do this because _____
_____

To make this happen I need _____
_____

——— LET'S DO THIS———

Date completed _____ Location _____
Solo / With _____
_____
_____

The story _____
_____
_____
_____
_____

The best part _____
_____
_____
_____

What I learned _____
_____
_____

08

_____
_____
_____

I want to do this because _____
_____

To make this happen I need _____
_____

LET'S DO THIS

Date completed _____ Location _____
Solo / With _____
_____

The story _____
_____
_____
_____
_____

The best part _____
_____
_____
_____
_____

What I learned _____
_____
_____

09

_____
_____
_____

I want to do this because _____
_____

To make this happen I need _____
_____

——— LET'S DO THIS———

Date completed _____ Location _____
Solo / With _____
_____
_____

The story _____
_____
_____
_____

The best part _____
_____
_____
_____

What I learned _____
_____
_____

10

_____

I want to do this because _____

To make this happen I need _____

— LET'S DO THIS —

Date completed _____ Location _____

Solo / With _____

_____

The story _____

_____

_____

_____

The best part _____

_____

_____

_____

What I learned _____

_____

_____

11

_____
_____
_____

I want to do this because _____
_____

To make this happen I need _____
_____

LET'S DO THIS

Date completed _____ Location _____
Solo / With _____
_____
_____

The story _____
_____
_____
_____
_____

The best part _____
_____
_____
_____
_____

What I learned _____
_____
_____

12

_____

_____

_____

I want to do this because _____

_____

To make this happen I need _____

_____

—— LET'S DO THIS ——

Date completed _____ Location _____
Solo / With _____

_____

The story _____

_____

_____

_____

_____

The best part _____

_____

_____

_____

_____

What I learned _____

_____

_____

13

_____
_____
_____

I want to do this because _____
_____

To make this happen I need _____
_____

LET'S DO THIS

Date completed _____ Location _____
Solo / With _____
_____

The story _____
_____
_____
_____

The best part _____
_____
_____
_____

What I learned _____
_____
_____

_____

_____

I want to do this because _____

_____

To make this happen I need _____

_____

LET'S DO THIS

Date completed _____ Location _____

Solo / With _____

_____

The story _____

_____

_____

_____

The best part _____

_____

_____

_____

What I learned _____

_____

15 _____

_____

I want to do this because _____

To make this happen I need _____

LET'S DO THIS

Date completed _____ Location _____
Solo / With _____

The story _____

The best part _____

What I learned _____

16

_____

I want to do this because _____

To make this happen I need _____

LET'S DO THIS

Date completed _____   Location _____

Solo / With _____

The story _____

The best part _____

What I learned _____

17

_____
_____
_____

I want to do this because _____
_____

To make this happen I need _____
_____

———— LET'S DO THIS ————

Date completed _____ Location _____
Solo / With _____
_____

The story _____
_____
_____
_____

The best part _____
_____
_____
_____

What I learned _____
_____
_____

18

_____

I want to do this because _____

To make this happen I need _____

——— LET'S DO THIS ———

Date completed _____ Location _____
Solo / With _____

The story _____

The best part _____

What I learned _____

19

_____
_____
_____

I want to do this because _____
_____

To make this happen I need _____
_____

LET'S DO THIS

Date completed _____ Location _____
Solo / With _____
_____

The story _____
_____
_____
_____

The best part _____
_____
_____
_____

What I learned _____
_____
_____

_____ # 20

_____

_____

I want to do this because _____

_____

To make this happen I need _____

_____

———— LET'S DO THIS————

Date completed _____ Location _____

Solo / With _____

_____

The story _____

_____

_____

_____

The best part _____

_____

_____

_____

What I learned _____

_____

_____

21 _____

I want to do this because _____

To make this happen I need _____

──── LET'S DO THIS ────

Date completed _____ Location _____

Solo / With _____

The story _____

The best part _____

What I learned _____

22

_____
_____
_____

I want to do this because _____
_____

To make this happen I need _____
_____

——— LET'S DO THIS———————

Date completed _____   Location _____
Solo / With _____
_____

The story _____
_____
_____
_____

The best part _____
_____
_____
_____

What I learned _____
_____
_____

23

_____
_____
_____

I want to do this because _____
_____

To make this happen I need _____
_____

LET'S DO THIS

Date completed _____ Location _____

Solo / With _____
_____

The story _____
_____
_____
_____
_____

The best part _____
_____
_____
_____

What I learned _____
_____
_____

24

_____

_____

I want to do this because _____
_____

To make this happen I need _____
_____

—— LET'S DO THIS——

Date completed _____ Location _____
Solo / With _____
_____

The story _____
_____
_____
_____
_____

The best part _____
_____
_____
_____

What I learned _____
_____
_____

25

_____
_____
_____

I want to do this because _____
_____

To make this happen I need _____
_____

LET'S DO THIS

Date completed _____ Location _____
Solo / With _____
_____
_____

The story _____
_____
_____
_____
_____

The best part _____
_____
_____
_____

What I learned _____
_____
_____

26

_____

_____

_____

I want to do this because _____

_____

To make this happen I need _____

_____

——— LET'S DO THIS———

Date completed _____ Location _____

Solo / With _____

_____

_____

The story _____

_____

_____

_____

_____

The best part _____

_____

_____

_____

What I learned _____

_____

_____

27

_____
_____
_____
_____

I want to do this because _____
_____

To make this happen I need _____
_____

——— LET'S DO THIS———

Date completed _____ Location _____
Solo / With _____
_____
_____

The story _____
_____
_____
_____
_____

The best part _____
_____
_____
_____
_____

What I learned _____
_____
_____

28

_____

_____

_____

I want to do this because _____
_____

To make this happen I need _____
_____

LET'S DO THIS

Date completed _____ Location _____
Solo / With _____

_____
_____

The story _____
_____
_____
_____
_____

The best part _____
_____
_____
_____

What I learned _____
_____
_____

29

_____
_____
_____

I want to do this because _____
_____

To make this happen I need _____
_____

LET'S DO THIS

Date completed _____ Location _____
Solo / With _____
_____
_____

The story _____
_____
_____
_____
_____

The best part _____
_____
_____
_____

What I learned _____
_____
_____

30

_____
_____
_____

I want to do this because _____
_____

To make this happen I need _____
_____

——— LET'S DO THIS———

Date completed _____ Location _____
Solo / With _____
_____
_____

The story _____
_____
_____
_____
_____

The best part _____
_____
_____
_____

What I learned _____
_____
_____

31 _____

_____
_____
_____

I want to do this because _____
_____

To make this happen I need _____
_____

———— LET'S DO THIS————

Date completed _____ Location _____
Solo / With _____
_____

The story _____
_____
_____
_____

The best part _____
_____
_____
_____

What I learned _____
_____
_____

32

_____

_____

_____

I want to do this because _____

_____

To make this happen I need _____

_____

LET'S DO THIS

Date completed _____ Location _____

Solo / With _____

_____

The story _____

_____

_____

_____

_____

The best part _____

_____

_____

_____

What I learned _____

_____

_____

33 _____

_____

I want to do this because _____

_____

To make this happen I need _____

_____

— LET'S DO THIS —

Date completed _____ Location _____

Solo / With _____

_____

_____

The story _____

_____

_____

_____

_____

The best part _____

_____

_____

_____

_____

What I learned _____

_____

_____

34

_____

_____

_____

I want to do this because _____

_____

To make this happen I need _____

_____

— LET'S DO THIS —

Date completed _____ Location _____

Solo / With _____

_____

The story _____

_____

_____

_____

The best part _____

_____

_____

_____

What I learned _____

_____

_____

35
_____
_____
_____

I want to do this because _____
_____

To make this happen I need _____
_____

LET'S DO THIS

Date completed _____ Location _____
Solo / With _____
_____

The story _____
_____
_____
_____

The best part _____
_____
_____
_____

What I learned _____
_____
_____

36

_____

_____

_____

I want to do this because _____

_____

To make this happen I need _____

_____

—— LET'S DO THIS——

Date completed _____ Location _____

Solo / With _____

_____

_____

The story _____

_____

_____

_____

_____

The best part _____

_____

_____

_____

What I learned _____

_____

_____

37

_____
_____
_____

I want to do this because _____
_____

To make this happen I need _____
_____

LET'S DO THIS

Date completed _____ Location _____

Solo / With _____
_____

The story _____
_____
_____
_____
_____

The best part _____
_____
_____
_____

What I learned _____
_____
_____

38

_____
_____
_____

I want to do this because _____
_____

To make this happen I need _____
_____

LET'S DO THIS

Date completed _____ Location _____
Solo / With _____
_____
_____

The story _____
_____
_____
_____
_____

The best part _____
_____
_____
_____

What I learned _____
_____
_____

39

_____

I want to do this because _____

To make this happen I need _____

—— LET'S DO THIS ——

Date completed _____ Location _____

Solo / With _____

The story _____

The best part _____

What I learned _____

40

_____

_____

_____

I want to do this because _____
_____

To make this happen I need _____
_____

——— LET'S DO THIS———

Date completed _____ Location _____

Solo / With _____
_____

The story _____
_____
_____
_____
_____

The best part _____
_____
_____
_____

What I learned _____
_____
_____

_____
_____
_____

I want to do this because _____
_____

To make this happen I need _____
_____

LET'S DO THIS

Date completed _____   Location _____
Solo / With _____
_____

The story _____
_____
_____
_____

The best part _____
_____
_____
_____

What I learned _____
_____
_____

42

_____

I want to do this because _____

To make this happen I need _____

LET'S DO THIS

Date completed _____ Location _____

Solo / With _____

The story _____

The best part _____

What I learned _____

43

_____
_____
_____

I want to do this because _____
_____

To make this happen I need _____
_____

LET'S DO THIS

Date completed _____ Location _____
Solo / With _____
_____
_____

The story _____
_____
_____
_____
_____

The best part _____
_____
_____
_____

What I learned _____
_____
_____

_____

_____

_____

I want to do this because _____

_____

To make this happen I need _____

_____

LET'S DO THIS

Date completed _____ Location _____

Solo / With _____

_____

_____

The story _____

_____

_____

_____

_____

The best part _____

_____

_____

_____

_____

What I learned _____

_____

_____

_____
_____
_____

I want to do this because _____
_____

To make this happen I need _____
_____

LET'S DO THIS

Date completed _____ Location _____
Solo / With _____
_____

The story _____
_____
_____
_____

The best part _____
_____
_____
_____

What I learned _____
_____
_____

_____
_____
_____

I want to do this because _____
_____

To make this happen I need _____
_____

LET'S DO THIS

Date completed _____ Location _____
Solo / With _____
_____

The story _____
_____
_____
_____
_____

The best part _____
_____
_____
_____

What I learned _____
_____
_____

47

_____
_____
_____
_____

I want to do this because _____
_____

To make this happen I need _____
_____

LET'S DO THIS

Date completed _____ Location _____
Solo / With _____
_____
_____

The story _____
_____
_____
_____
_____

The best part _____
_____
_____
_____

What I learned _____
_____
_____

_____

_____

_____

I want to do this because _____

_____

To make this happen I need _____

_____

LET'S DO THIS

Date completed _____ Location _____
Solo / With _____

_____

The story _____

_____

_____

_____

_____

The best part _____

_____

_____

_____

What I learned _____

_____

_____

49 _____
_____
_____

I want to do this because _____
_____

To make this happen I need _____
_____

LET'S DO THIS

Date completed _____ Location _____
Solo / With _____
_____

The story _____
_____
_____
_____
_____

The best part _____
_____
_____
_____

What I learned _____
_____
_____

_____

_____

_____

I want to do this because _____

_____

To make this happen I need _____

_____

——— LET'S DO THIS ———

Date completed _____ Location _____

Solo / With _____

_____

The story _____

_____

_____

_____

_____

The best part _____

_____

_____

_____

What I learned _____

_____

_____

51 _____

I want to do this because _____

To make this happen I need _____

——— LET'S DO THIS ———

Date completed _____ Location _____
Solo / With _____

The story _____

The best part _____

What I learned _____

52

_____
_____
_____

I want to do this because _____
_____

To make this happen I need _____
_____

LET'S DO THIS

Date completed _____ Location _____
Solo / With _____
_____

The story _____
_____
_____
_____
_____

The best part _____
_____
_____
_____
_____

What I learned _____
_____
_____

53

_____
_____
_____

I want to do this because _____
_____

To make this happen I need _____
_____

——— LET'S DO THIS ———

Date completed _____ Location _____
Solo / With _____
_____
_____

The story _____
_____
_____
_____
_____

The best part _____
_____
_____
_____

What I learned _____
_____
_____

_____ # 54

_____

_____

_____

I want to do this because _____

_____

To make this happen I need _____

_____

——— LET'S DO THIS———

Date completed _____ Location _____

Solo / With _____

_____

The story _____

_____

_____

_____

_____

The best part _____

_____

_____

_____

What I learned _____

_____

_____

55

_____
_____
_____

I want to do this because _____
_____

To make this happen I need _____
_____

— LET'S DO THIS —

Date completed _____ Location _____
Solo / With _____
_____

The story _____
_____
_____
_____

The best part _____
_____
_____
_____

What I learned _____
_____
_____

56

_____

_____

_____

_____

I want to do this because _____

_____

To make this happen I need _____

_____

LET'S DO THIS

Date completed _____ Location _____

Solo / With _____

_____

The story _____

_____

_____

_____

_____

The best part _____

_____

_____

_____

What I learned _____

_____

_____

57

_____
_____
_____

I want to do this because _____
_____

To make this happen I need _____
_____

LET'S DO THIS

Date completed _____ Location _____
Solo / With _____
_____

The story _____
_____
_____
_____
_____

The best part _____
_____
_____
_____

What I learned _____
_____
_____

58

_____
_____
_____

I want to do this because _____
_____

To make this happen I need _____
_____

——— LET'S DO THIS———

Date completed _____ Location _____
Solo / With _____
_____
_____

The story _____
_____
_____
_____
_____

The best part _____
_____
_____
_____

What I learned _____
_____
_____

59

_____
_____
_____

I want to do this because _____
_____

To make this happen I need _____
_____

——— LET'S DO THIS———

Date completed _____ Location _____
Solo / With _____
_____

The story _____
_____
_____
_____
_____

The best part _____
_____
_____
_____

What I learned _____
_____
_____

60

_____

_____

_____

I want to do this because _____

_____

To make this happen I need _____

_____

LET'S DO THIS

Date completed _____ Location _____

Solo / With _____

_____

The story _____

_____

_____

_____

The best part _____

_____

_____

_____

What I learned _____

_____

_____

61 _____
_____
_____
_____

I want to do this because _____
_____

To make this happen I need _____
_____

——— LET'S DO THIS ———

Date completed _____ Location _____
Solo / With _____
_____
_____

The story _____
_____
_____
_____
_____

The best part _____
_____
_____
_____
_____

What I learned _____
_____
_____

_____

_____

_____

I want to do this because _____

_____

To make this happen I need _____

_____

— LET'S DO THIS —

Date completed _____ Location _____
Solo / With _____

_____

The story _____

_____

_____

_____

_____

The best part _____

_____

_____

_____

What I learned _____

_____

_____

63

_____
_____
_____
_____

I want to do this because _____
_____

To make this happen I need _____
_____

— LET'S DO THIS —

Date completed _____ Location _____
Solo / With _____
_____

The story _____
_____
_____
_____
_____

The best part _____
_____
_____
_____
_____

What I learned _____
_____
_____

_____

_____

64

_____

I want to do this because _____
_____

To make this happen I need _____
_____

—— LET'S DO THIS ——

Date completed _____ Location _____
Solo / With _____
_____

The story _____
_____
_____
_____

The best part _____
_____
_____
_____

What I learned _____
_____
_____

65 _____

_____

_____

I want to do this because _____

_____

To make this happen I need _____

_____

——— LET'S DO THIS ———

Date completed _____ Location _____

Solo / With _____

_____

_____

The story _____

_____

_____

_____

_____

The best part _____

_____

_____

_____

What I learned _____

_____

_____

_____

_____

_____

I want to do this because _____

_____

To make this happen I need _____

_____

LET'S DO THIS

Date completed _____ Location _____

Solo / With _____

_____

The story _____

_____

_____

_____

_____

The best part _____

_____

_____

_____

What I learned _____

_____

_____

67

_____
_____
_____
_____

I want to do this because _____
_____

To make this happen I need _____
_____

—— LET'S DO THIS ——

Date completed _____ Location _____
Solo / With _____
_____

The story _____
_____
_____
_____
_____

The best part _____
_____
_____
_____

What I learned _____
_____
_____

_____

_____

_____

_____

I want to do this because _____

_____

To make this happen I need _____

_____

LET'S DO THIS

Date completed _____   Location _____

Solo / With _____

_____

The story _____

_____

_____

_____

_____

The best part _____

_____

_____

_____

What I learned _____

_____

_____

69

_____

_____

_____

I want to do this because _____

_____

To make this happen I need _____

_____

—————— LET'S DO THIS——————

Date completed _____ Location _____

Solo / With _____

_____

The story _____

_____

_____

_____

The best part _____

_____

_____

_____

What I learned _____

_____

_____

70

_____

I want to do this because _____

To make this happen I need _____

LET'S DO THIS

Date completed _____ Location _____
Solo / With _____

The story _____

The best part _____

What I learned _____

71

_____
_____
_____

I want to do this because _____
_____

To make this happen I need _____
_____

LET'S DO THIS

Date completed _____ Location _____
Solo / With _____
_____
_____

The story _____
_____
_____
_____
_____

The best part _____
_____
_____
_____

What I learned _____
_____
_____

72

_____
_____
_____

I want to do this because _____
_____

To make this happen I need _____
_____

—— LET'S DO THIS ——

Date completed _____ Location _____
Solo / With _____
_____

The story _____
_____
_____
_____
_____

The best part _____
_____
_____
_____

What I learned _____
_____
_____

73

I want to do this because

To make this happen I need

LET'S DO THIS

Date completed _____ Location _____

Solo / With _____

The story _____

The best part _____

What I learned _____

74

_____
_____
_____

I want to do this because _____
_____

To make this happen I need _____
_____

——— LET'S DO THIS ———

Date completed _____ Location _____
Solo / With _____
_____

The story _____
_____
_____
_____

The best part _____
_____
_____
_____

What I learned _____
_____
_____

_____
_____
_____

I want to do this because _____
_____

To make this happen I need _____
_____

——— LET'S DO THIS———

Date completed _____ Location _____
Solo / With _____
_____
_____

The story _____
_____
_____
_____
_____

The best part _____
_____
_____
_____
_____

What I learned _____
_____
_____

76

_____
_____
_____

I want to do this because _____
_____

To make this happen I need _____
_____

—— LET'S DO THIS——————

Date completed _____ Location _____
Solo / With _____
_____

The story _____
_____
_____
_____

The best part _____
_____
_____
_____

What I learned _____
_____

_____
_____
_____

I want to do this because _____
_____

To make this happen I need _____
_____

———— LET'S DO THIS ————

Date completed _____ Location _____
Solo / With _____
_____

The story _____
_____
_____
_____

The best part _____
_____
_____
_____

What I learned _____
_____
_____

78

_____
_____
_____

I want to do this because _____
_____

To make this happen I need _____
_____

——— LET'S DO THIS———

Date completed _____ Location _____
Solo / With _____
_____

The story _____
_____
_____
_____
_____

The best part _____
_____
_____
_____

What I learned _____
_____
_____

79

_____

_____

_____

I want to do this because _____

_____

To make this happen I need _____

_____

— LET'S DO THIS —

Date completed _____ Location _____

Solo / With _____

_____

The story _____

_____

_____

_____

The best part _____

_____

_____

_____

What I learned _____

_____

_____

80

_____
_____
_____

I want to do this because _____
_____

To make this happen I need _____
_____

LET'S DO THIS

Date completed _____ Location _____
Solo / With _____
_____

The story _____
_____
_____
_____

The best part _____
_____
_____
_____

What I learned _____
_____
_____

81 _____

I want to do this because _____
_____

To make this happen I need _____
_____

—— LET'S DO THIS ——

Date completed _____ Location _____
Solo / With _____
_____
_____

The story _____
_____
_____
_____
_____

The best part _____
_____
_____
_____
_____

What I learned _____
_____
_____

82

_____

_____

_____

_____

I want to do this because _____

_____

To make this happen I need _____

_____

LET'S DO THIS

Date completed _____ Location _____

Solo / With _____

_____

The story _____

_____

_____

_____

_____

The best part _____

_____

_____

_____

What I learned _____

_____

_____

83

_____
_____
_____

I want to do this because _____
_____

To make this happen I need _____
_____

——— LET'S DO THIS ———————

Date completed _____ Location _____
Solo / With _____
_____
_____

The story _____
_____
_____
_____
_____

The best part _____
_____
_____
_____

What I learned _____
_____
_____

84

_____
_____
_____

I want to do this because _____
_____

To make this happen I need _____
_____

— LET'S DO THIS —

Date completed _____ Location _____
Solo / With _____
_____

The story _____
_____
_____
_____
_____

The best part _____
_____
_____
_____

What I learned _____
_____
_____

85 _____

_____

_____

I want to do this because _____

_____

To make this happen I need _____

_____

──── LET'S DO THIS ────

Date completed ──────────── Location ────────────

Solo / With _____

_____

The story _____

_____

_____

_____

_____

The best part _____

_____

_____

_____

What I learned _____

_____

_____

86

_____

_____

_____

I want to do this because _____

_____

To make this happen I need _____

_____

LET'S DO THIS

Date completed _____ Location _____

Solo / With _____

_____

The story _____

_____

_____

_____

_____

The best part _____

_____

_____

_____

What I learned _____

_____

_____

87

_____
_____
_____

I want to do this because _____
_____

To make this happen I need _____
_____

LET'S DO THIS

Date completed _____ Location _____
Solo / With _____
_____
_____

The story _____
_____
_____
_____
_____

The best part _____
_____
_____
_____

What I learned _____
_____
_____

88

_____

_____

_____

I want to do this because _____

_____

To make this happen I need _____

_____

LET'S DO THIS

Date completed _____ Location _____

Solo / With _____

_____

The story _____

_____

_____

_____

_____

The best part _____

_____

_____

_____

What I learned _____

_____

_____

89

_____

_____

_____

I want to do this because _____

_____

To make this happen I need _____

_____

LET'S DO THIS

Date completed _____ Location _____

Solo / With _____

_____

The story _____

_____

_____

_____

The best part _____

_____

_____

_____

What I learned _____

_____

_____

_____

_____

_____

I want to do this because _____

_____

To make this happen I need _____

_____

——— LET'S DO THIS———

Date completed _____ Location _____

Solo / With _____

_____

The story _____

_____

_____

_____

_____

The best part _____

_____

_____

_____

What I learned _____

_____

_____

91

_____

_____

_____

I want to do this because _____

_____

To make this happen I need _____

_____

— LET'S DO THIS —

Date completed _____ Location _____

Solo / With _____

_____

The story _____

_____

_____

_____

The best part _____

_____

_____

_____

What I learned _____

_____

_____

92

_____

_____

_____

_____

I want to do this because _____

_____

To make this happen I need _____

_____

— LET'S DO THIS —

Date completed _____ Location _____

Solo / With _____

_____

The story _____

_____

_____

_____

_____

The best part _____

_____

_____

_____

What I learned _____

_____

_____

93

_____

I want to do this because _____
_____

To make this happen I need _____
_____

——— LET'S DO THIS ———

Date completed _____ Location _____
Solo / With _____
_____

The story _____
_____
_____
_____

The best part _____
_____
_____
_____

What I learned _____
_____
_____

94

_____

_____

_____

I want to do this because _____

_____

To make this happen I need _____

_____

LET'S DO THIS

Date completed _____ Location _____

Solo / With _____

_____

The story _____

_____

_____

_____

The best part _____

_____

_____

_____

What I learned _____

_____

_____

95

_____

_____

_____

I want to do this because _____

_____

To make this happen I need _____

_____

LET'S DO THIS

Date completed _____ Location _____

Solo / With _____

_____

_____

The story _____

_____

_____

_____

The best part _____

_____

_____

_____

What I learned _____

_____

_____

_____
_____
_____

I want to do this because _____
_____

To make this happen I need _____
_____

——— LET'S DO THIS———

Date completed _____ Location _____
Solo / With _____
_____

The story _____
_____
_____
_____

The best part _____
_____
_____
_____

What I learned _____
_____
_____

97 _____
_____
_____

I want to do this because _____
_____

To make this happen I need _____
_____

——— LET'S DO THIS ———

Date completed _____ Location _____
Solo / With _____
_____
_____

The story _____
_____
_____
_____
_____

The best part _____
_____
_____
_____
_____

What I learned _____
_____
_____

98

I want to do this because _____
_____

To make this happen I need _____
_____

———— LET'S DO THIS————

Date completed _____ Location _____
Solo / With _____
_____

The story _____
_____
_____
_____
_____

The best part _____
_____
_____
_____

What I learned _____
_____
_____

99

_____
_____
_____

I want to do this because _____
_____

To make this happen I need _____
_____

LET'S DO THIS

Date completed _____ Location _____

Solo / With _____
_____

The story _____
_____
_____
_____
_____

The best part _____
_____
_____
_____

What I learned _____
_____
_____

100

_____

I want to do this because _____

To make this happen I need _____

—— LET'S DO THIS——

Date completed _____ Location _____

Solo / With _____

The story _____

The best part _____

What I learned _____

Thank you!

We really appreciate your purchase.
We hope you're happy with everything

**To help us make better books,
We'd love it if you could take a minute
to leave a 5-star review on amazon.**

_____

How to leave us a review?

1- Go to **Amazon.com/ryp** or scan this QR code
2- Scroll to this book.
3- Select star rating & write a review.

Thanks in advance for your help!

Made in the USA
Middletown, DE
15 October 2023

40865570R00064